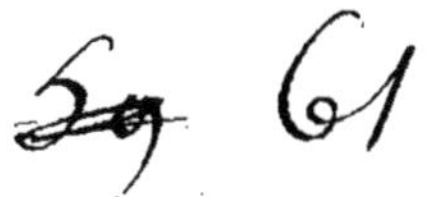

# RAPPORT

## FAIT AU COMITÉ DE RECHERCHES DES REPRÉSENTANS DE LA COMMUNE,

PAR M. GARRAN DE COULON,

***Sur la* Conspiration** *des Mois de Mai, Juin & Juillet derniers, imprimé par ordre du Comité.*

Dès l'inſtitution du Comité de Recherches, ſon attention a dû ſe porter ſur les événemens terribles, qui, dans le mois de Juillet dernier, ont failli détruire la Monarchie Françoiſe, diſſoudre l'Aſſemblée-Nationale, & faire de la Capitale un monceau de ruines; je vais vous préſenter, Meſſieurs, le réſultat de ces recherches.

J'établirai 1° qu'il y a eu une conſpiration contre la liberté du Peuple François, celle de l'Aſſemblée-Nationale, & contre la Ville de Paris en particulier.

2° Que cette conſpiration étoit un véritable crime de Lèſe-Nation, ou de Lèſe-Majeſté au premier chef.

3° Que le Garde des Sceaux *Barentin*, le Comte *de Puysegur*, le Maréchal *de Broglie*, le Baron *de Besenval*, & l'Intendant de Paris *Bertier*, ont été coupables de cette conspiration qu'ils dirigeoient.

4° Que rien ne peut les disculper aux yeux de la Justice. . .

Tous les faits dont je vais vous rendre compte, sont appuyés sur les témoignages qui nous ont été indiqués, ou sur les piéces que nous avons sous les yeux ; je ferai sur-tout un grand usage de celles qui ont été recueillies par les Electeurs, durant la révolution.

## §. PREMIER.

*Il y a eu une Conspiration contre la liberté du Peuple François, celle de l'Assemblée-Nationale, & la Ville de Paris en particulier.*

Vous connoissez, Messieurs, les événemens qui ont amené la convocation des Etats-Généraux. Les remontrances des Parlemens, la première Assemblée des Notables, la formation des Assemblées-Provinciales avoient appris au Roi les grandes vérités, que les ennemis du bien public lui avoient déguisées. Il étoit digne de les connoître. Et, seul peut-être dans l'histoire, il offrira l'exemple d'un Prince qui n'a jamais cessé de revenir, avec la plus grande candeur, sur les erreurs & les mesures fausses, dans lesquelles des Ministres perfides l'ont trop souvent engagé. Il vouloit le bien du Peuple; & jamais il n'a sçu mettre en balance contre un objet aussi cher à son cœur, ce qu'on appelloit ses *droits* & le maintien de son autorité.

Trompé dans ses espérances, par le résultat de la seconde Assemblée des Notables, s'il ne confondit pas encore dans la Nation, les trois Ordres qui la divisoient, il suivit du moins le vœu de son cœur, & l'indication du Ministre des Finances, en appellant aux Etats-Généraux une double représentation du Tiers-Etat, & en tendant à l'égalité la plus absolue pour chacun des Membres des trois Ordres.

L'enthousiasme que ce mode de convocation produisit par-tout, le développement del'esprit National, jusqu'alors étouffé, les principes de liberté & de patriotisme répandus dans toutes les classes du Peuple, enfin le sentiment de ses forces & de ses droits qu'il manifesta rapidement dans toutes les provinces, apprirent bientôt à ceux qui les avoient usurpés, que leur régne touchoit à son terme. Ils redoutoient sur-tout les lumières de la Capitale, & cette tendance plus forte à la liberté, qui résultoit nécessairement de son immense population, de ses richesses, de la communication plus immédiate de toutes les claſſes, & pour tout dire enfin, de la confuſion preſque abſolue des trois ordres, qui ne s'étoient pas plus ſéparés juſqu'alors dans les Aſſemblées politiques, que dans les liaiſons ſociales.

Pour détruire une union ſi contraire à leurs vues, les ennemis du bien Public y obtinrent, pour la première fois, une convocation ſéparée des trois ordres; ils en firent retarder l'Aſſemblée juſqu'à la veille de la tenue des Etats-Généraux, en inſtruiſant à peine de cette convocation, les Citoyens aſſez à temps pour qu'ils puſſent s'y trouver.

Le même eſprit, un eſprit vraîment public les animoit. Pluſieurs des départemens de la Nobleſſe donnèrent le bel exemple de réclamer les premiers contre leur ſéparation de la Commune, & ces ſoixante Diſtricts, où preſque perſonne ne ſe connoiſſoit, & qui avoient bien moins eu encore le temps de ſe concerter, ſe trouvèrent d'accord pour reprendre dès lors l'exercice de leurs droits. Preſque tous, après s'être nommé un Préſident & un Secrétaire de leur choix, donnèrent des pouvoirs raiſonnés à leurs Deputés; &, ſans compter les heures, ſans prendre même le repos & la nourriture dont la nature ſemble ne pouvoir pas ſe paſſer, ils ne ſe ſéparèrent qu'après avoir poſé dans leurs cahiers particuliers, les bâſes déſormais inébranlables de la Liberté Françoiſe.

Les Electeurs choiſis dans cette nuit mémorable, ſuivirent des indications ſi glorieuſes. Leurs travaux ininterrompus, préparèrent ceux de l'Aſſemblée-Nationale; ils ne crurent pas que la précipitation qu'on avoit miſe à leur convocation, dût les diſpenſer de prendre le temps néceſſaire pour remplir leur devoir. De fréquentes députations des trois ordres, des communications habituelles de leurs délibérations préſageoient une union prochaine; il étoit temps de la prévenir.

A peine l'Aſſemblée-Nationale eût-elle commencé ſes ſéances, qu'on mit tout en uſage pour la diviſer, la diſſoudre, ou la ſubjuguer par la terreur.

Tous les Bailliages du Royaume s'étoient élevés contre les obſtacles qui gênoient la liberté de la Preſſe. Le Roi lui-même avoit invité tous les Citoyens à communiquer leurs vues ſur les objets importans qui alloient être ſoumis à la diſcuſſion des Etats. La liberté de la Preſſe étoit ſur-tout néceſſaire pour inſtruire le Public des tranſactions de cette Aſſemblée ſolemnelle, qui tenoit dans ſa main les deſtinées du Royaume. A peine néanmoins un des Repréſentans de la Nation eût-il publié le nº Ier du *Journal des Etats-Généraux*, qu'il fut ſupprimé par un Acte du

Conseil, qui en défendit la suite, en prononçant des peines contre l'Imprimeur.

Les Electeurs du Tiers-état réclamèrent, dès le lendemain, contre cet abus d'autorité, par un Arrêté qui fut signé de tous les Membres (1). Mais cette réclamation n'arrêta pas les entreprises des ennemis du bien public. Leur conspiration contre l'Assemblée-Nationale & contre la Ville de Paris, étoit dès lors formée; ils prenoient les mesures les plus propres à la faire réussir.

L'Arrêt du Conseil qui supprimoit le *Journal des Etats-Généraux*, est du 7 Mai; le même jour, une lettre du sieur *Rolland de Bellebrune* à l'Intendant de Paris lui annonce qu'il a envoyé, d'après ses ordres, 25,000 balles, pour fusils de soldats, à l'adresse du sieur Bar, Commandant pour le Roi à S.-Denys. Une apostille mise à cette lettre, & conçue au nom de l'Intendant, » porte qu'il faut écrire à M. de Bar, en le » priant de faire faire des cartouches, & les re- » mettre ensuite à M. Bailly (de S.-Denys), qui » les distribuera sur ses ordres, (de l'Intendant), » & prévenir M. Bailly de ces dispositions (2) ».

On trouve trois demandes de poudre de guerre & de cartouches des 1er & 6 du même mois. La

(1) Arrêté du 9 Mai 1789, imprimé séparément. Procès-Verbal de l'Assemblée des Electeurs.

(2) Papiers des Electeurs, n° 361.

dernière de ces piéces porte que « dans la circonstance présente, M. *Bertier* pense que » M. le Baron de Bésenval jugera sans doute à » propos, sans tirer à conséquence, de faire » fournir des balles & la poudre demandées ». Une apostille porte encore que « M. le Baron » de Bésenval a approuvé cette distribution », ce qui prouve qu'il avoit, dès lors, le commandement des Troupes qu'on approchoit de Paris (1).

Les preuves de ces faits importans sont très-multipliées.

Une note du sieur Bertier, en date du 8 Mai, nous apprend « qu'il faut écrire à M. de Puységur, pour lui dire que M. de Bésenval ayant » absolument désiré que M. Bertier fît faire un » approvisionnement de balles & de poudres, on a » donné des ordres pour qu'il fût fait un grand ap- » provisionnement de l'une & de l'autre espéces ».

Une apostille mise à cette lettre porte qu'il est « demandé aux régisseurs des poudres » 1,200 liv. de poudre & 25,000 balles fournies » par ordre de M. Rolland de Belle-Brune (2) ».

En conséquence le sieur Bertier prévint le sieur Bailly, que le sieur Bar, Commandant à Saint-Denys, lui laisseroit la distribution de

(1) *Ibid.* nos 373, 375, & 376.

(2) *Ibid.* no 403.

1,200 liv. de poudre & de 25,000 cartouches.

Le ſieur Bar ſe refuſa à cet arrangement, en annonçant qu'il ne diſtribueroit les cartouches que ſur les ordres de l'Intendant lui-même.

Par une lettre du même jour, il avoit déjà appris à ce dernier qu'il avoit reçu, ſans avis, 14 caiſſes qu'on lui avoit déclaré contenir 25,000 balles de plomb.

Le même jour encore, les ſieurs le Faucheur & Clouet, Adminiſtrateurs des poudres à l'Arſenal, déclarent à l'Intendant qu'ils n'ont pas de quoi fournir les 1,200 liv. de poudre de guerre qu'on leur demandoit, que des motifs de ſûreté publique font qu'on n'a, à l'Arſenal, que la quantité néceſſaire au ſervice courant; « que les beſoins » extraordinaires en ont fait ſortir depuis quel- » ques jours plus qu'on ne pouvoit le préſumer » de *poudre de guerre* ». Ils lui indiquent les moyens les plus convenables pour tirer directement cette poudre d'Eſſonne (1).

Il ne faut pas croire que ces proviſions de *guerre* ſoient reſtées en dépôt, à S.-Denys, comme une précaution de ſûreté, ſans en faire aucun uſage. Dès le 12 Mai, le ſieur Bar annonça à l'Intendant qu'il diſtribuoit les cartouches, en attendant les poudres qu'il n'avoit pas encore (2).

---

(1) *Ibid.* nos. 398, 400, 401, 402, 403 & 404.

(2) *Ibid.* no 399.

Le 16 du même mois, le Comte de Puiſégur écrivoit au ſieur Bertier : « M. de Béſenval » ayant déſiré qu'il fût fait au dépôt de S.-De- » nys un approviſionnement conſidérable de car- » touches à balles, vous avez pris des meſures » pour qu'il y fût tranſporté 1,200 liv. de pou- » dre, dont vous avez ordonné la délivrance » à la régie & 25,000 balles pour fuſils de ſol- » dats, tirées de l'Arſenal de Paris (1) ».

Le 19 du même mois, le ſieur .... (2) ſe plaignit de n'avoir pas reçu les 4,000 cartouches qu'on lui avoit annoncées; le 22, le ſieur Bar inſtruiſit l'Intendant d'un envoi de 1,800 cartouches à balles, qui avoient été diſtribuées à différentes brigades de Maréchauſſée. Il ajoute qu'il en a ainſi diſtribué 17,200 ſur les 25,000 qui lui avoient été envoyées.

Il joint à ſa lettre l'état de cette diſtribution. On y trouve 9,000 cartouches pour les Suiſſes de Salis-Samade, en garniſon à Vaugirard, & 4,000 pour 400 Chaſſeurs de Lorraine, qui étoient à Melun (3).

Le 27 Mai, le Comte de Puyſignieux demanda

---

(1) *Ibid.* n° 420.

(2) On n'a pu lire la ſignature.

(3) *Ibid.* n°s 392, 393, 394, 395 & 396. *Voyez* auſſi une apoſtille en marge, ſur une Lettre de M. du Theil.

4,000 cartouches, qu'on lui avoit annoncées pour le détachement qu'il commandoit à Mont-l'Héry, &, après avoir dit que le marché avoit été assez tranquille, quoique l'approvisionnement en grains eût été insuffisant, & qu'on en eût totalement manqué à Arpajon, il ajoute : « qu'il pourroit » se trouver une occasion où les Cavaliers » pourroient se trouver compromis sans cette » ressource (1) ».

Ces préparatifs formidables ne suffisoient pas aux vues d'une coupable administration. Ceux du mois de Juin le furent plus encore. Nous trouvons une lettre du sieur Bar, écrite à l'Intendant de Paris, le 8 de ce mois, où il lui apprend qu'il a fourni aux Hussards de Berchény, qui étoient à Neuilly & à Vincennes, 2,500 cartouches (2).

Le lendemain, & le surlendemain 10, le Comte de Puységur, & le sieur d'Angenoust d'après lui, annoncent un envoi de 25,000 balles, comme celui qui avoit eu lieu dans le mois précédent, pour *aujourd'hui, ou vendredi*, porte l'une des deux lettres. Ils ajoutent « que ces balles sont du » calibre qu'il faut pour servir indistinctement » aux fusils, aux mousquetons & aux pistolets,

---

(1) *Ibid.* n° 389. *Voyez* aussi les n<sup></sup>os 390 & 391.

(2) *Ibid.* n° 388.

» attendû que ces armes ſont de la même pro» portion intérieurement (1) ».

Le 16 du même mois, le ſieur Bar lui annonce encore un pareil envoi de 25,000 balles de calibre, & de cartouches qu'il va faire faire (2).

Cette quantité conſidérable ne pouvoit néanmoins pas ſuffire à l'armement des Troupes nombreuſes qui inveſtiſſoient Paris. Dès le 21 Juin, le ſieur de Meillonas, Major du régiment de Royal-Dragons, écrivit, de l'Ecole Militaire, que ſes détachemens dans Paris manquoient de cartouches; que le Baron de Béſenval avoit ordonné au Duc de Choiſeul, d'en demander à l'Intendant de Paris, & qu'il s'adreſſoit à lui (3).

Le 23 Juin, le ſieur Bar, demandoit de la poudre & des balles, en déclarant qu'il avoit déjà fait, ou qu'il auroit fait dans quatre jours 22,000 cartouches. Il finiſſoit par dire qu'il lui falloit encore 12 à 15,000 liv. de balles (4).

Ces envois n'étoient rien néanmoins en comparaiſon de ceux qui devoient ſuivre. Le 2 Juillet, le ſieur le Faucheux informa l'Intendant d'un nouvel envoi qu'on préparoit à l'Arſenal;

(1) *Ibid.* nos 387 & 411.

(2) *Ibid.* n° 385.

(3) *Ibid.* n° 386.

(4) *Ibid.* n° 384.

&, le même jour, comme si l'on eût fait le projet de fusiller tous les Citoyens de la Capitale, le sieur Bar l'instruisit qu'il avoit reçu l'annonce de 1,200 liv. de poudre de Guerre, & de 75,000 balles, qu'il comptoit déposer à Courbevoye, parce qu'elles y seroient plus en sûreté qu'à S.-Denys (1).

Une apostille mise en marge de cette lettre, annonce qu'on a fait, pour S.-Denys, le premier Juillet, 1,200 liv. de poudre & 75,000 balles, &, pour Courbevoie, le 2 Juillet, 1,200 liv. de poudre & 100,000 balles (2).

On se rappelle que la fin du mois de Juin & le commencement de Juillet sont l'époque de l'attentat commis contre la liberté de l'Assemblée-Nationale. On avoit fait de vains efforts pour en rendre la convocation inutile par la division des ordres qui a perdu les Etats de 1614 & tant d'autres. Le courage du Tiers-Etat, le dévouement d'une grande partie du Clergé à la cause commune, les principes bien connus de plusieurs membres distingués de l'Ordre de la Noblesse, le patriotisme d'un grand nombre de Députés de ces deux Ordres privilégiés, qui, quoique divisés d'opinion avec les Communes sur la question politique de l'union des ordres, ne désiroient pas

(1) *Ibid.* n° 382. *Voyez* aussi les n^os^ 357, 358 & 359.

(2) *Voyez* aussi le n° 405.

moins, de tout leur cœur, la liberté publique à laquelle on ſavoit bien qu'ils ne balanceroient pas de ſacrifier leurs ſentimens particuliers (1) menaçoient d'un avortement prochain ces germes de diſcorde. Il fallut donc recourir à la dernière reſſource, à celle de la force & de la terreur; heureuſement nos ennemis étoient auſſi timides & auſſi aveugles que méchans. Ils n'oſèrent pas frapper tous les coups à la fois, & ils ne ſe ſentoient pas encore aſſez forts pour ſe porter aux dernières extrémités.

Le 17 Juin, les Députés, réunis dans la ſalle commune des Etats-Généraux, après avoir reconnu que leur Aſſemblée étoit déjà compoſée des Repréſentans envoyés directement par les quatre-vingt-ſeize centiémes au moins de la Nation, déclarèrent, en ſe conſtituant en Aſſemblée Nationale, « qu'il ne pouvoit exiſter entre le Trône » & elle aucun *veto*, aucun Pouvoir négatif», & qu'ils alloient ſe livrer, ſans interruption, *à l'œuvre commune de la reſtauration Nationale.*

Dans la Séance du ſoir, l'Aſſemblée Nationale, en conſacrant le principe de l'illégalité de tous les Impôts alors ſubſiſtans, en vota néanmoins, à l'unanimité, la continuation juſqu'au jour de la première ſéparation de l'Aſſemblée, de quelque cauſe

(1) *Voyez* le n° 7 du Procès-verbal de l'Aſſemblée Nationale, au commencement, & les ſuivans.

qu'elle pût provenir; elle annonça, en même-temps, la consolidation de la dette publique, aussi-tôt qu'elle auroit, de concert avec le Roi, fixé les principes de la régénération Nationale.

La Séance du 19 Juin, qui suivit ces Décrets mémorables, fut la seule qui n'éprouva pas d'obstacle. Dès le lendemain, Samedi 20 Juin, les Députés trouvèrent toutes les avenues de la Salle occupées par des Soldats, & c'est seulement alors qu'ils furent instruits, par des Placards, que le Roi ayant résolu de tenir une Séance Royale, les préparatifs exigeoient que les Assemblées fussent suspendues en attendant.

Quand bien même cette séance royale n'auroit pas été l'attentat le plus coupable contre les droits du Peuple, la seule tentative de suspendre la tenue de l'Assemblée par voie d'autorité, étoit un crime de lèse-Majesté-Nationale. Les Députés, sans se laisser intimider, tinrent leur Assemblée dans le jeu de Paume, & ne doutant plus des projets funestes, qu'une administration coupable méditoit contre la Nation, ils y firent tous le serment de ne jamais se séparer, & de se rassembler par tout où les circonstances l'exigeroient, jusqu'à ce que la constitution du Royaume fût établie & affermie sur des fondemens solides.

A la séance suivante, qui se tint dans l'église

de S.-Louis, le lundi 22 Juin, la majorité du Clergé vint se réunir à l'Assemblée-Nationale.

C'est dans cet état de choses que, le lendemain 23 Juin, se tint la séance Royale. On y poussa l'abus de l'autorité jusqu'à faire lire deux Déclarations du Roi, qui n'avoient pas même été communiquées, & l'on fit prononcer à sa Majesté, l'ordre à l'Assemblée de se retirer.

Les dispositions de ces déclarations étoient, s'il est possible, plus attentatoires aux droits de la Nation, que la forme dans laquelle elles avoient été promulguées. En cassant & annullant dans l'Article III de la première déclaration, les limitations & restrictions apposées aux pouvoirs des Députés, on brisoit d'un seul coup tous les droits de la Nation, qui a voulu, dans ses cahiers, qu'on ne délibérât sur les impôts, qu'après avoir obtenu la réforme des abus, & réglé la constitution. Malgré les reconnoissances contraires que le Roi avoit faites précédemment, on lui attribuoit le droit de faire des emprunts considérables, qui nécessitoient, ou des impôts non consentis librement, ou la banqueroute; enfin les Ministres du Roi avoient trompé la confiance qu'il leur avoit accordée, jusqu'à lui persuader que ces mesures iniques étoient conformes aux vœux de tous les bailliages du Royaume, exprimés dans leurs cahiers, tandis qu'il étoit évident que, si ces attentats eussent prévalu, ils auroient anéanti toute l'autorité & la Liberté de l'Assemblée-Nationale, contre le vœu & la lettre même des lettres de convocation, qui annonçoient les Etats *libres* & généraux du Royaume.

Les Représentans du Peuple n'eurent aucun égard à l'ordre qui leur fut donné, de se retirer; mais, trop autorisé à prévoir de nouveaux attentats, l'Assemblée déclara, en persistant unanimement dans ses précédens Arrêtés, que la personne de chacun de ses Députés étoit inviolable; que tous ceux qui prêteroient leur ministère à aucuns desdits attentats, de quelque part qu'ils seroient ordonnés, seroient infâmes & traitres envers la Nation, & coupables de crime Capital.

A la séance suivante, du 24 Juin, on constata » qu'on avoit fermé les portes de communication » intérieure de la salle, pendant que la force » militaire avoit empêché l'Assemblée d'y conti- » nuer ses Séances; qu'elle étoit actuellement » investie de troupes sous les armes, soit dans » l'intérieur de la Salle, soit dans ses différentes » avenues; ce qui étoit contraire également à » la liberté de l'Assemblée, & au droit qu'elle avoit » d'exercer réellement sa propre police intérieure » & extérieure ».

L'Assemblée ayant ordonné des informations sur les ordres dont les Troupes étoient chargées,

M. le

M. le Comte du Belley, Lieutenant des Gardes-Françoises, dit « qu'il avoit l'ordre de ne laisser » entrer dans la salle, que les Députés, & dé-» fenses d'y souffrir les Etrangers.

Un Officier des Gardes de la Prevôté de l'Hôtel, qui, après avoir fait la même déclaration, avoit ajouté » qu'il y avoit une porte de communi-» cation intérieure dont il n'avoit pas ordre » d'empêcher l'usage à MM. les Députés », fut mis en prison pour avoir fait cette indication, qui facilita la réunion des Ordres (1).

Aux séances suivantes, la réunion d'un grand nombre de Députés de la Noblesse, puis celle du surplus de cet Ordre, les rapports qu'entraîna la vérification de leurs pouvoirs, enfin les adresses des Electeurs de Paris & d'un grand nombre de villes du Royaume empêchèrent de suivre la Délibération qui avoit été proposée sur cet objet. L'Assemblée-Nationale espéroit aussi, sans doute, que la justice du Roi & son amour bienconnu pour ses peuples ne tarderoient pas à lui désiller les yeux sur les manœuvres de ses coupables Conseillers. Mais, à la séance du 8 Juillet, « un Membre de l'Assemblée ayant représenté » qu'elle étoit environnée de Troupes; qu'on

(1) Ce fait a été, dit-on, attesté par des Députés à l'Assemblée Nationale.

» en faiſoit venir de toutes parts ; que des » camps ſe formoient autour d'elle ; que des » trains d'artillerie ſuivoient les armées dont » on dégarniſſoit nos frontières.... L'Aſſemblée- » Nationale arrêta :

» Qu'il ſeroit fait au Roi une très-humble » Adreſſe ſur ce rapprochement de Troupes, & » leur campement auprès de Paris & de Verſail- » les ; qu'il ſeroit repréſenté au Roi, non-ſeu- » lement combien ces meſures étoient oppoſées » aux intentions bienfaiſantes de Sa Majeſté » pour le ſoulagement de ſes peuples, dans cette » malheureuſe circonſtance de cherté & de di- » ſette des grains, mais encore combien elles » ſont contraires à la liberté & à l'honneur de » l'Aſſemblée-Nationale, propres à altérer entre » le Roi & ſes Peuples, cette précieuſe confiance » qui fait la gloire & la ſûreté du Monarque, » qui ſeule peut aſſurer le repos & la tranquil- » lité du Royaume.... que Sa Majeſté ſeroit » ſuppliée très-reſpectueuſement de raſſûrer ſes » fidéles Sujets, en donnant les ordres néceſ- » ſaires pour la ceſſation immédiate de ces me- » ſures, également inutiles, dangereuſes & alar- » mantes, & pour le prompt renvoi des Trou- » pes & du train d'Artillerie, au lieu d'où on » les a tirés ».

Le Préſident de l'Aſſemblée s'étant tranſporté

chez le Roi, le 8 Juillet, d'après ſon invitation, Sa Majeſté lui répondit, avec ſa bonté ordinaire, que les Troupes approchées de Paris & Verſailles, « ne porteroient jamais aucune » atteinte à la liberté des Etats-Généraux; que » leur raſſemblement n'avoit d'autre but que de » rétablir le calme, & que leur ſéjour ne du- » reroit que le temps néceſſaire pour garantir » la ſûreté publique, objet de ſa prévoyance ». Il ajouta qu'étant inſtruit de la délibération priſe par l'Aſſemblée à ce ſujet, il recevroit ſa députation, & lui donneroit une réponſe oſtenſible.

Cette réponſe fut donnée le Vendredi 10 Juillet, & ce fut alors qu'on motiva l'approchement des Troupes, par les déſordres qui avoient eu lieu à Paris & à Verſailles, & qu'on fit propoſer par le Roi de transférer les Etats-Généraux à Noyon ou à Soiſſons, en ſe rendant lui-même à Compiégne.

Ces déſordres étoient la ſuite naturelle des derniers combats entre le Deſpotiſme & la Liberté. Il devoit en réſulter une eſpéce d'anarchie, ſi l'on ne ſe hâtoit pas de reconnoître les droits du Peuple. Mais on cherchoit un prétexte pour employer la force. Comment ce Peuple ne ſe feroit-il pas ſoulevé, quand il voyoit la liberté de ſes Repréſentans violée; quand, au milieu de la paix, de nouvelles

Troupes venoient fans ceffe fe joindre à celles qui bloquoient la Capitale ; quand il avoit tout à craindre pour fon approvifionnement, dont une partie étoit détournée pour nourrir l'armée dans des temps d'une difette prefque fans exemple ; quand enfin toutes les circonftances paroiffoient annoncer qu'on l'agitoit par ces moyens fecrets, qu'il eft fi facile de diriger dans les inftans de crife.

Les Electeurs de Paris, qui, pour ne pas retarder la convocation des Etats-Généraux, avoient renvoyé après la Pentecôte la partie de leurs cahiers qui concernoit les intérêts particuliers de la Capitale, s'étoient affemblés dans une Salle de la rue Dauphine, fur le refus qu'on leur avoit fait de continuer à leur prêter la falle de l'Archevêché, & de leur en donner une autre à l'Hôtel-de-Ville. Dès leur première féance, ils avoient adhéré aux Arrêtés patriotiques de l'Affemblée Nationale, & cet exemple fut fuivi dans toutes les parties du Royaume. Leur fermeté leur fit enfin obtenir, à l'Hôtel-de-Ville, la falle qu'on leur avoit d'abord refufée. Témoins de tant d'agitations, ils s'occupèrent, dès le principe, de la formation d'une Garde Bourgeoife, qui pouvoit feule maintenir la tranquillité publique, fans faire craindre pour la liberté. Ils nommèrent des Commiffaires qui s'occupèrent des mefures à prendre pour cet objet important, le Samedi matin, 11 Juillet, & qui en rendirent compte à l'Aſſemblée du ſoir.

Les Conſpirateurs furent obligés d'avancer leurs meſures : M. Necker fut renvoyé ce jour-là même, & forcé de quitter le Royaume avec la précipitation que ſes Ennemis ont été depuis trop heureux de pouvoir employer pour ſe ſauver.

On communiquoit cette nouvelle à l'Aſſemblée Nationale, quand M. Guillotin lui préſenta la pétition des Electeurs pour le rétabliſſement de la Garde Bougeoiſe.

Après une longue diſcuſſion, l'Aſſemblée Nationale arrêta, unanimement, « qu'il ſeroit fait une députation au Roi, pour lui repréſenter tous les dangers qui menacent la Capitale & le Royaume; la néceſſité de renvoyer les Troupes, dont la préſence irrite le déſeſpoir du Peuple, & de confier la garde de la Ville à la Milice Bourgeoiſe ».

« Il fut, de plus, arrêté que, ſi l'Aſſemblée obtenoit la parole du Roi pour le renvoi des Troupes, & l'établiſſement de la Milice Bourgeoiſe, elle enverroit des Députés à Paris, pour y porter ces nouvelles conſolantes, & contribuer au retour de la tranquillité ».

Toutes ces demandes furent rejettées; c'eſt

alors que l'Assemblée, *Interprête de la Nation*, en annonçant « que M. Necker, ainsi que les autres Ministres qui venoient d'être éloignés, emportoient avec eux son estime & ses regtets »,

« Déclara qu'effrayée des suites funestes que pouvoit entraîner la réponse du Roi, elle ne cesseroit d'insister sur l'éloignement des Troupes extraordinairement rassemblées près de Paris & de Versailles, & sur l'établissement des Gardes-Bourgeoises » ;

» Déclara, de nouveau, qu'il ne pouvoit exister d'intermédiaire entre le Roi & l'Assemblée-Nationale » ;

» Déclara que les Ministres & les Agens civils & Militaires de l'autorité étoient responsables de toute entreprise contraire aux droits de la Nation, & aux Décrets de cette Assemblée » ;

« Déclara que les Ministres actuels & les Conseils de Sa Majesté, de quelque rang & état qu'ils pussent être, ou quelques fonctions qu'ils pussent avoir, étoient personnellement responsables des malheurs présens & de tous ceux qui pourroient suivre ».

Ce Décret ne s'appliquoit point à la plupart des anciens Ministres. MM. de Montmorin, de S.-Priest & de la Luzerne s'étoient retirés avec M. Necker; M. le Comte de Puységur, qui avoit donné jusqu'alors les ordres pour le rafſemblement des Troupes, s'éloigna auſſi à la même époque. On avoit mis à leur place le Maréchal de Broglie, Généraliſſime de l'Armée, le Duc de la Vauguyon, & le Baron de Breteuil.

On achevoit le blocus de Paris. L'Intendant, métamorphoſé en Intendant d'armée, étoit allé s'établir à l'Ecole Militaire; ſon appartement avoit été préparé dès le jour du renvoi de M. Necker. Une lettre écrite, ce jour-là, par le ſieur Mabile, annonce toutes les peines qu'il avoit priſes pour loger agréablement l'Intendant, avec ſes Secrétaires, ſes voitures & ſes chevaux; il obſerve, pour excuſer le défaut d'une plus grande aiſance, « que l'Etat-Major étoit conſidérable, ſuivant l'état qu'il avoit vu, & que ſes demandes étoient, comme elles le ſont toujours exorbitantes ».

Dès la veille, le Comte de Puyſégur, en conſtatant l'arrivée d'une diviſion d'artillerie le 11, du Régiment de Naſſau, le 12 à Choiſy, du Régiment de Dauphin-Dragons le 12 à Senlis, du Régiment de Saintonge le 11 à Dammartin, & du Régiment de Lauzun à Marly; ajoutoit « M. le Maréchal de Broglie devant déſormais donner des ordres aux Régimens à meſure qu'ils arrivent, il en préviendra M. Bertier;

pour qu'il puiſſe faire ſes diſpoſitions en conſéquence, & pourvoir à leur ſubſiſtance ».

Suivant pluſieurs états trouvés dans les papiers de l'Intendance, il y avoit alors, ou il devoit y avoir inceſſamment, une trentaine de Régimens à deux ou trois lieues de Paris, à l'exception de deux, qui devoient être à Meaux & à Senlis. La marche & la poſition de ces Troupes eſt tracée dans pluſieurs ordres du Comte de Puyſégur. Cette marche fut accélérée, pour divers Régimens, dans les troubles du Lundi & du Mardi, malgré l'extrême difficulté de pourvoir à leur logement & à leur approviſionnement, qu'il falloit prendre ſur les grains que le Gouvernement avoit deſtinés à la ſubſiſtance du Peuple (1).

Une foule de Lettres & de Procès-verbaux adreſſés à l'Intendant de Paris, conſtatent que ces grains étoient de la plus mauvaiſe qualité; & qu'il s'en falloit beaucoup qu'il y en eût une quantité ſuffiſante. Les Troupes qui inveſtiſſoient la Capitale, n'en augmentoient pas ſeulement la conſommation : en jettant la terreur dans le Pays, elles devoient néceſſairement empêcher les Fer-

(1) *Voyez* les nos 277, 280 & ſuivans; 298, 324 329, 338, 343, 371, 410, 413, 421, 440, 442, 443, 445, 450.

miers de porter aux Marchés les provisions modiques qui leur restoient (1).

L'embarras étoit tel qu'on songea à couper les grains avant leur parfaite maturité (2).

Il y avoit un Camp formidable à l'Ecole-Militaire; des Régimens sur toutes les routes & dans tous les Villages; deux Corps d'Artillerie, avec l'attirail effrayant qui les accompagne : on assûre qu'on a vu, à Versailles, les grils destinés à faire rougir les boulets. Il y avoit eu un nouvel envoi de 75,000 cartouches à S.-Denis, & de 100,000 à Courbevoye (3).

Il étoit trop évident que le but le moins coupable de ces préparatifs étoit de maîtriser l'Assemblée-Nationale, en l'intimidant; & d'avoir un prétexte, en excitant des troubles dans la Capitale, pour s'en emparer à main-armée, & y étouffer, dans leur naissance, tous les germes de la Liberté.

On en fit une triste expérience dès le Dimanche au soir. Quatre canons, placés à l'entrée des

---

(1) *Voyez* les nos 273, 274, 296, 305, 306, 310, 314, 317 & 317 *bis*, 319, 322, 323, 325 & suivans, 330 & suivans, 335 & suivans, 339, 344 & 345, 372, 411 & 455.

(2) *Voyez* les nos 350, 351 & 363.

(3) *Ibid.* n° 382. *Voyez* aussi les nos 362, 364 & suivans, 369 & 370, 408 & 409, 414 & suivans, 421 & suivans, 435 & suivans, 441, 444, 446 & suivans.

Champs-Elisées, avec leurs Canoniers, portant les méches allumées, & soutenus par un Régiment de Dragons, tinrent lieu de déclaration de Guerre. Le Régiment de Royal-Allemand-Cavalerie, formé en ordre de Bataille, dans le même lieu, s'avança, sous les ordres du Prince de Lambesc, son Colonel, par la Place de Louis XV, jusqu'aux Tuileries. Un Soldat de ce Régiment, passant devant un Garde-Françoise, lui tire un coup de pistolet, & l'étend mort sur la place. Le digne Colonel de ce Soldat suivit son exemple: il entra dans les Tuileries; &, foulant aux pieds de ses chevaux les Citoyens, il fit tirer sur la troupe fugitive des Bourgeois, des enfans & des femmes qui s'y promenoient. Il assassina, de sa propre main, à coup de sabre, un vieillard effrayé, aux yeux de tout un Peuple sans défense. Un autre, renversé dans le tumulte, eut la cuisse cassée; &, mort de sa blessure, il a du moins emporté au tombeau la consolation de déposer de ces faits devant le Tribunal chargé par l'Assemblée-Nationale de juger des crimes de lése-Nation.

Ces lâches assassinats produisirent, à Paris, le même effet que le meurtre de Virginie, à Rome, & la brutalité d'un Capitaine Autrichien, à Gènes. Le Peuple vit que la paix & la vie ne seroient pas même le prix de l'esclavage. Il s'arma, & les Electeurs n'eurent rien autre chose à faire que de diriger, vers un centre commun, l'ardeur de ces Soldats véritablement patriotes auxquels les braves Gardes-Françoiſes s'étoient réunis. Les Diſtricts raſſemblés, une ſeconde fois, eurent encore le même eſprit. Tous les Citoyens s'enrôlèrent dans le leur, & formèrent des Comités pour veiller à l'ordre public. Pluſieurs envoyèrent des Députations pour autoriſer les Electeurs à adminiſtrer proviſoirement la choſe publique, de concert avec la Municipalité d'alors. Le Prevôt des Marchands venoit de déclarer qu'il ne deſiroit conſerver & continuer les fonctions qui lui avoient été confiées par Sa Majeſté, que, dans le cas où ſes Concitoyens le trouveroient agréable, & daigneroient le confirmer dans ſes fonctions.

Des brigands, répandus dans la Campagne, avoient profité du tumulte pour brûler la plupart des barrières, & la maiſon de S.-Lazare, qu'ils pillèrent entièrement. Ils enfoncèrent également l'Hôtel de la Force, & en firent ſortir les priſonniers. Les Commandans des Troupes qui environnoient la Capitale, & que les Miniſtres prétendoient avoir raſſemblées pour y rétablir le calme, ne donnèrent aucun ordre pour réprimer ces brigandages, ou pour les punir. Ils n'étoient envoyés que contre les Citoyens. Ceux-ci eurent bientôt arrêté ces déſordres.

Le Commandant des Invalides ne balança pas à se prêter aux vœux du Peuple. Il lui laissa prendre les armes qu'on avoit cachées, depuis quelques jours, sous les voûtes du Dôme, & les canons même de cet Hôtel. Le Gouverneur de la Bastille, seul, sommé de se rendre, ou de confier la garde de cette Forteresse aux Soldats nationaux, se refusa à cette proposition. Il avoit renforcé sa garnison d'un Détachement de Suisses; dès le commencement de Juillet, il avoit fait faire de nouveaux travaux pour la direction des canons, chargés à mitraille, en en cachant la vue par des jantes de Charron. Enfin il avoit fait un amas énorme de pavés pour écraser le Peuple, en cas d'attaque. Il osa tirer sur les Citoyens. Le Baron de Besenval lui en avoit, sans doute, donné l'ordre. Il l'y encourageoit du moins par ce fameux billet, dans lequel il lui recommandoit *de tenir jusqu'à la dernière extrémité*. Il comptoit probablement lui porter des secours prochains; mais les Soldats François refusèrent de marcher contre leurs Concitoyens. Plusieurs même vinrent se réunir à eux. On vit seulement quelques Hussards, avec le Régiment de Royal-Allemand, à la Barrière du Trône (1). La Bastille livrée à son propre sort

---

(1) Journal des Etats-Généraux n° 23, page 10. La Bastille dévoilée, partie II, page 83 & suivantes, &c.

ne put tenir long-temps, contre la fougue d'un Peuple irrité.

Les Citoyens armés & non-armés se portèrent vers cette prison épouvantable; &, sans craindre la mort qui renversoit leurs frères à leurs côtés, ils vinrent à bout de s'en emparer.

Vous savez tout le reste, Messieurs, & surtout les actes terribles de vengeance auxquels se porta un Peuple trop accoutumé à voir échapper, au glaive de la Justice, les plus coupables Agens de l'Administration.

Les Electeurs de Paris envoyèrent deux Députations à l'Assemblée-Nationale. Celle du Mardi, composée de MM. Désessarts & Ganilh fut arrêtée, en allant & en revenant, à Séve, par le Baron de Bésenval, qui les retint plusieurs heures, en prétendant qu'il falloit un ordre du Roi, pour que la Ville de Paris pût porter ses Réclamations à l'Assemblée-Nationale. Deux Députations de cette Assemblée même n'avoient eu qu'un succès bien foible. Elles avoient seulement obtenu du Roi la promesse que les Troupes du Champ-de-Mars s'écarteroient de Paris.

Les Electeurs envoyoient une nouvelle Députation à l'Assemblée-Nationale (1), & celle-ci au Roi, le Mercredi matin 15 Juillet, quand ce bon

(1) MM. Garran de Coulon, de la Fleutrie, &c.

Prince, cédant enfin aux mouvemens de ſon cœur, vint ſe jetter dans les bras de cette Aſſemblée; & , bientôt après, dans ceux de ſon Peuple.

Les nouveaux Miniſtres diſparurent bientôt avec leurs Projets ſiniſtres; les mauvais Citoyens les ſuivoient. Pas un de ces Miniſtres n'avoit fait un effort pour ſauver la Capitale. Ils n'avoient donné que des ordres de Guerre. Pas un ne s'étoit ſervi de ſon pouvoir éphémère pour faire punir le crime odieux du Prince de Lambeſc, qui s'enfuit avec eux; le Mercredi matin, il donnoit encore des ordres à ſon Régiment, aux portes de Paris.

## §. I I.

*CETTE Conſpiration étoit un véritable crime de léſe-Nation, ou de léſe-Majeſté au premier chef.*

Dans le Tableau que je viens de tracer, vous avez vu marcher de front la Convocation des Etats-généraux, l'atteinte portée à la Liberté de la Preſſe, relativement au Journal fait par un de de ſes Membres, & le commencement des meſures hoſtiles contre Paris. Le raſſemblement des Troupes ſe formoit dans le même temps où, après les conférences tenues entre les différents Ordres, l'Aſſemblée-Nationale, à peine conſtituée, s'étoit vue excluſe, par la Force Militaire, de ſa propre Salle, ſous prétexte de la préparer pour la Séance

Royale, qui devoit ruiner notre Liberté. La fermeté inébranlable de l'Aſſemblée Nationale, l'adhéſion des Electeurs & de preſque toutes les Villes de France, à ſes Arrêtés, forcèrent les Ennemis du bien public à précipiter leurs meſures. M. Necker fut renvoyé le 11 Juillet, avec d'autres Miniſtres chers à la Nation ; ceux qui leur ſuccédèrent, annoncèrent aſſez quels étoient les auteurs des hoſtilités; 30,000 hommes ſe trouvoient autour de la Capitale, ou s'en approchoient de plus en plus. On venoit de leur fournir plus de 200,000 cartouches; on y avoit joint les trains d'Artillerie les plus effrayans; & l'approviſionnement de tant de Troupes achevoit de porter à ſon comble une Diſette qui avoit été ſans exemple, pour la Capitale, dans ce ſiécle. Pas une démarche de cette nouvelle Adminiſtration, pas un mouvement de l'armée n'a eu pour objet la tranquillité de Paris. Tandis que les Miniſtres refuſoient la formation d'une Garde-Bourgeoiſe, qui ſeule pouvoit empêcher le pillage de la Capitale, ſans compromettre la Liberté publique, ils laiſſoient incendier les Barrières, & commettre mille Brigandages, ſans s'y oppoſer.

L'ordre du renvoi des Troupes fut le ſignal de celui des nouveaux Miniſtres. Ainſi leur ſort a toujours été lié aux attentats contre la Liberté publique. Ils les ont préparés & dirigés juſqu'à la fin; &, quand le Roi, enfin éclairé par les touchantes Députations de l'Aſſemblée-Nationale, s'eſt livré aux mouvemens de ſon propre cœur, en repouſſant les impreſſions étrangères, de ces perfides Conſeillers, ils ont bien ſenti qu'ils ne pouvoient pas être en ſûreté dans un pays où le régne des Loix alloit commencer.

Pourroit-on donc encore demander s'ils ſont coupables? Peuvent-ils ne pas l'être, quand ils ont ſuſpendu les Séances de l'Aſſemblée-Nationale; quand ils l'ont inveſtie de Troupes étrangères, & qu'ils ſe ſont efforcés d'abattre le courage des Députés par le ſpectacle effrayant de l'appareil militiare? Pouvoient-ils ne pas l'être, quand, au lieu des *Etats-libres*, promis par le Roi, ils osèrent, dans la Séance du 23 Juin, leur dicter des Loix arbitraires, en perſuadant au Roi que cet attentat, ſans exemple, étoit conforme aux vœux de toutes les Provinces, tel qu'il étoit exprimé dans leurs Cahiers? Pouvoient-ils n'être pas coupables encore, quand ſur les preſſantes réclamations de l'Aſſemblée Nationale, en faveur de la Capitale, dont tous les Citoyens étoient ſous les armes, ils lui propoſoient de transférer, au loin, les *Etats-Généraux*, & d'emmener le Roi, lui-même, comme ſi le ſort de ſon Peuple eût pu être étranger à un ſi bon Prince & à une Aſſemblée ſi populaire? Pouvoient-ils ne pas l'être enfin, quand,

tolérant

tolérant également les brigandages des incendiaires des barrières, & les assassinats du Colonel de Royal-Allemand, ils n'envoyoient des Troupes que pour affamer la Capitale, & massacrer des vieillards désarmés ; quand ils contraignoient le Peuple à reprendre les armes, qu'on avoit voulu tourner contre lui, & les Soldats François à égorger leurs frères, ou à refuser l'obéissance militaire, & même à déserter leurs Drapeaux ; quand ils forçoient, en particulier, les malheureux Invalides, renfermés à la Bastille, à fusiller les Bourgeois de Paris, à tirer le canon sur les maisons & dans les rues voisines, où un Facteur de la Poste, qui faisoit le Service public, en fut tué.

S'ils ne sont pas coupables, nous le sommes donc nous-mêmes, d'avoir repoussé la force par la force ; d'avoir défendu nos vies & notre liberté si indignement outragées : l'Assemblée-Nationale, l'est également pour avoir soutenu notre cause & celle de tout le Peuple François ; en refusant de se soumettre à des ordres arbitraires ; en demandant le renvoi des Troupes ; en déclarant les Agens du pouvoir exécutif responsables de tous ces événemens. L'Administration actuelle l'est aussi, puisqu'elle a adopté les principes de l'Assemblée-Nationale. Toutes les Villes de France, qui ont adhéré à ses Arrêtés, tous les Régimens François, qui ont refusé d'obéir aux ordres donnés contre la Nation, le font encore.

Eft-il donc befoin de prouver que ceux qui attaquent l'exiftence de tout un Peuple, qui envoyent des Troupes contre lui pour le maffacrer, qui attentent à fa liberté & à celle de fes Repréfentans, font plus criminels que ceux qui attentent aux jours & à la liberté des particuliers; qu'ils le font autant que ceux qui confpirent contre la perfonne du Prince, qui n'eft facrée elle-même que parce que le bien public, qui eft la Loi fuprême, l'ordonne impérieufement? Mais, s'il faut des preuves pofitives pour établir un point de droit fi manifeftement démontré par la raifon feule, il eft facile de les trouver dans nos Loix & dans tous les Publiciftes.

Les Loix Romaines, compilées par Juftinien, qui font le fondement de notre Légiflation, & qu'on n'accufera certainement pas d'avoir exagéré les droits du Peuple, mettent expreffément au rang des crimes de lèfe-Majefté toutes les entreprifes faites contre le Peuple & fa fûreté. Elles mettent fur la même ligne celles qui ont lieu contre le Prince & contre l'Etat; elles déclarent coupables de lèfe-Majefté & prefque de facrilège tous ceux qui ont prêté leur miniftère à ces entreprifes, & tous ceux qui les ont exécutées : « *Proximum facrilegio crimen eft quod Majeftatis dicitur. Majeftatis autem crimen eft quod* adverfus Populum

Romanum, vel adverſus ſecuritatem ejus *committitur* (1) ».

« *Publica autem judicia hæc ſunt lex Julia Majeſtatis, quæ in eos qui* contra Imperatorem vel Rempublicam *aliquid moliti ſunt, ſuum vigorem extendit. Cujus pœna animæ amiſſionem ſuſtinet & memoria rei, etiam poſt mortem, damnatur* (2) ».

« *Id quod de prædictis ...... etiam de Satellitibus, conſciis & Miniſtris ....... eorum ſimili ſeveritate cenſemus* (3) ».

Une Ordonnance donnée à Villers-Cotterets, par François I, en 1539, n'eſt pas moins préciſe : « Ordonnons, y eſt-il dit dans l'Article premier, que ceux qui auront conſpiré, machiné, ou entrepris contre notre Perſonne, nos Enfans & Poſtérité, ou *la République de notre Royaume* ſoient étroitement & rigoureuſement punis, tant en leurs perſonnes qu'en leurs biens, tellement que ce ſoit choſe exemplaire à toujours (4) ».

Cette Juriſprudence eſt celle de toutes les Nations. Après la mort de Charles XII, les Etats

(1) *L. 1. ff. ad Legem Juliam Majeſtatis.*

(2) §. 4. *Inſtitut. de Publicis Judiciis.*

(3) *L. 5. Cod. ad Leg. Juliam Majeſtatis.*

(4) Conférences de Guénois, Tom. 2, Liv. 9, Tit. 5, Art. 3.

de Suéde s'assemblèrent & condamnèrent son Ministre à perdre la tête. « Il étoit accusé d'un grand crime, dit Montesquieu ; c'étoit d'avoir calomnié la Nation, & lui avoir fait perdre la confiance de son Roi ; forfait qui, selon moi, mérite mille morts. Car, enfin, si c'est une mauvaise action de noircir, dans l'esprit d'un Prince, le dernier de ses Sujets, qu'est-ce lorsqu'on noircit la Nation entière, & qu'on lui ôte la bienveillance de celui que la Providence a établi pour faire son bonheur » ?

Les Auteurs de la Conspiration du mois de Juillet ont été bien plus coupables. Ils ont voulu armer le Roi contre son Peuple ; &, en forçant celui-ci à s'armer à son tour, pour défendre les droits les plus justes, ils exposoient à tous les dangers d'une Guerre civile, le Roi lui-même ; il n'y a pas un bon François qui ne frémisse en songeant quelles en auroient pu être les suites pour un Prince moins chéri de son Peuple & moins digne de l'être. Ils étoient donc également coupables de lèse-Majesté contre l'Etat & contre le Roi, dont les intérêts & les droits sont effectivement inséparables.

## §. III.

*Le Garde des Sceaux Barentin, le Comte de Puyſégur, le Maréchal de Broglie, le Baron de Béſenval & l'Intendant de Paris Bertier ont été coupables de cette Conſpiration qu'ils dirigeoient.*

Le Garde-des-Sceaux Barentin, en gênant la liberté de la preſſe, lors de la tenue des Etats-Généraux, & quand le Roi lui-même avoit demandé le concours de toutes les lumières pour parvenir à la régénération de la Monarchie, en préparant la Séance Royale du 23 Juin dernier, & en la mettant à exécution, n'a pas ſeulement foulé aux pieds les Loix de toutes les Nations & celles du Royaume, pour la ſurveillance deſquelles il avoit été élevé à cette dignité; mais il a eu l'improbité d'employer, contre les Repréſentans de la Nation, les mêmes actes du pouvoir arbitraire, contre leſquels il n'avoit ceſſé de réclamer à la tête d'une cour célèbre par ſon patriotiſme. Comme Magiſtrat & comme Chef de la Juſtice, il eût du faire faire le procès aux Miniſtres prévaricateurs qui trompoient indignement notre Roi; il eût du lui-même dénoncer aux Tribunaux l'aſſaſſinat commis par le Prince de Lambeſc. Il s'en eſt rendu complice, en ne le faiſant pas punir ; comme les Miniſtres éphémères, avec leſquels il s'étoit ligué, il a ſouſtrait ſa tête coupable à la vengeance des Loix qu'il avoit violées quand il en étoit établi le gardien.

Le Comte de Puyſégur, à la vérité, ne s'eſt point trouvé dans cette Adminiſtration coupable, qui a eu lieu dans le court intervalle du renvoi de M. Necker, à ſon rappel. Peut-être, en voyant les derniers attentats qu'ils alloient exécuter, un ſentiment de Patriotiſme a-t-il pénétré dans ſon cœur ? Mais ce retour du Miniſtre a été bien tardif. Il avoit déjà donné tous les ordres pour le raſſemblement des Troupes autour de la Capitale (1). Il ne pouvoit pas ignorer les projets ſiniſtres dont on vouloit les rendre les exécuteurs, la famine qu'elles amenoient avec elles, & qui devoit être la ſuite de la terreur & du trouble qu'elles inſpiroient, bien plus encore que de leur grande conſommation. Il ne pouvoit pas ignorer les ſuites du déſeſpoir de tout un Peuple réduit à la dernière extrémité. Il n'a pu ignorer l'atteinte que ces Troupes ont portée à la liberté de l'Aſſemblée Nationale, & les préparatifs hoſtiles du Gouverneur de la

(1) *Ibid.* nos 364, 365, 366, 367, 368, 369, 370, 371, 378, 379, 380, 381, 408—420, 422, 423, 424, 427—436, 446—449.

Bastille contre la Ville de Paris. Comme Sécrétaire d'Etat au Département de la Guerre, il est censé les avoir ordonnés, par cela seul qu'il ne les a pas réprimés. Il est donc responsable de tous les maux qui en ont été la suite.

C'est avec non moins de regret qu'on se voit forcé de placer ici le nom du Maréchal de Broglie, que la Patrie avoit vu combattre, avec tant de gloire, contre les Ennemis de l'Etat. Pourquoi faut-il que ses Lauriers ayent été flétris par son admission dans une Administration coupable. Il ne nous appartient pas de décider jusqu'à quel point, des services passés peuvent compenser les attentats qu'il a, depuis, commis contre la Liberté Nationale. Il s'est mis à la tête de l'Armée, dans le temps où la conspiration contre la Patrie s'exécutoit, & nous devons le dénoncer parmi les Ennemis du Bien-public.

Une lettre du Comte de Puységur, à l'Intendant de Paris, datée du 10 Juillet, en annonçant une erreur dans la marche du Régiment de Vintimille, ajoute : « M. le Maréchal de Broglie y a envoyé un Officier de l'Etat-Major pour y rémédier ».

» M. le Maréchal de Broglie devant désormais donner des ordres aux Régimens, à mesure qu'ils arrivent ; il en préviendra M. Bertier, pour qu'il puiſſe faire ſes diſpoſitions, en conſéquence, & pourvoir à leur ſubſiſtance ».

Une autre lettre écrite, au même, le lendemain, par le Marquis d'Autichamp, porte : « J'ai rendu compte, à M. le Maréchal de Broglie, de la lettre que M Bertier m'a fait l'honneur de m'écrire. Il a fort approuvé toutes les précautions qu'il a priſes pour que le Régiment de Vintimille fut le moins mal poſſible. M. Bertier a parfaitement rempli les intentions de M. le Maréchal de Broglie, en faiſant augmenter l'étape du Régiment de Vintimille ».

Une dernière lettre adreſſée à l'un des Electeurs, par M. le Duc du Châtelet, le 14 Juillet, annonce qu'il va faire relever le Détachement du Régiment des Gardes, qui avoit marché, la veille, au ſecours de l'Hôtel de-Ville, « en attendant les ordres de M. le Maréchal de Broglie, chargé ſpécialement par le Roi du commandement des Troupes dans Paris ».

Ainſi M. le Maréchal de Broglie étoit ſpécialement chargé du commandement des Troupes dans Paris & au dehors, dès le 10 Juillet; c'étoit ſous ſes ordres qu'on en régloit le logement & le campement. Il étoit le Généraliſſime de l'Armée, lors des aſſaſſinats commis par le Prince de Lambeſc, lors de l'incendie des Barrières & des pillages qui les ont accompagnés. Il n'a point fait arrêter le Prince de Lambesc, qui est resté à la tête de son Régiment. Il n'a pris aucune mesure pour réprimer les brigands. Il n'en a pris aucune pour empêcher le feu de la Bastille, dirigé contre les Bourgeois de Paris. Il n'avoit rien fait pour rétablir le calme dans la Capitale, le 14 Juillet, lorsque le Duc du Châtelet se concertoit avec les Electeurs, pour cet objet; mais il a achevé de la faire investir. Il a dirigé des batteries contre cette Ville, à S.-Denys, au Pont de Séve, à Courbevoie, aux Champs Elisées, à la Barrière du Trône, à toutes les avenues de la Capitale. Il a laissé des Régimens autour de l'Assemblée Nationale. Il n'étoit donc armé que contre la Patrie.

Le Baron de Bésenval a été initié dans les détails de cette horrible conspiration dès le commencement. Depuis le mois de Mai jusqu'à la prise de la Bastille, il a donné les ordres à toutes les Troupes des environs de Paris. C'est lui qui a commandé 25,000 balles dès le 6 Mai, qui les a fait distribuer aux Troupes qui étoient aux environs de la Capitale & qui, leur en a fait donner près de deux cents mille, dans le mois de Juillet. C'est lui, qui lorsque le canon de la Bastille étoit sur le point d'incendier le quartier de l'Arsenal & de la rue S.-Antoine, envoyoit un ordre au Gouverneur de tenir bon *jusqu'à la dernière extrémité* ; c'eſt auſſi lui ſans doute qui a envoié le Prince de Lambeſc ſouiller le Palais des Tuileries du ſang des Citoyens, qui l'a de plus envoyé effrayer le peuple du Faux-bourg S.-Antoine à la Barrière du Trône ; c'eſt lui enfin qui, à ce qu'on nous aſſûre, interceptoit la communication entre Paris & Verſailles, & qui, en alléguant le défaut d'ordre du Roi, retint à Séve des heures entières, les Députés envoyés à l'Aſſemblée-Nationale par les Electeurs réunis à la Municipalité, comme s'il falloit un ordre du Roi pour aller réclamer ſa juſtice & celle des Repréſentans du Peuple, en faveur d'un million d'hommes près de périr.

C'eſt l'Intendant Bertier, qui a été l'Aſſocié du Baron de Béſenval, dans tous les détails du ſiége de Paris. C'eſt lui qui a été l'Intendant de l'Armée, qui a fourni les balles, la poudre & les cartouches, dès le commencement de Mai, qui a donné l'ordre d'en fournir 175,000, le 2 Juillet ; c'eſt lui qui a diſtribué aux Troupes le mauvais bled qui faiſoit la dernière reſſource du Peuple.

On peut juger de l'extrême embarras & de l'entier denuement où l'on étoit alors, par les lettres qu'on a trouvées dans les papiers de l'Intendance, & qui conſtatent tout-à-la fois l'inſufſiſance des ſubſiſtances & leur très - mauvaiſe qualité.

Le 9 Juillet, le Bureau intermédiaire de Montereau écrivoit à la commiſſion intermédiaire de l'Aſſemblée Provinciale de l'Iſle de France : « Le marché étoit abſolument dépourvu de grains, les Boulangers de cette Ville n'auroient pu cuire, ſi les Officiers de Police n'avoient élevé le prix du pain de huit livres à 40 ſols, (c'eſt-à-dire à 5 ſols la livre) au lieu de 1 liv. 9 ſ. qu'il étoit. Ils y ont été déterminés par le prix exceſſif de la Farine dont la vente s'eſt faite, en leur préſence, à 120 liv. le ſac de 325, *ne pouvant employer les grains envoyés par M. l'Intendant, qui ne conſiſtent qu'en ſeigle & orge de la plus mauvaiſe qualité & pourris, étant dans le cas de cauſer des maladies dangereuſes*. Cependant la plupart des petits conſommateurs ſont réduits à la dure néceſſité de faire uſage de *ces grains gâtés* (1) ».

Le lendemain 10, le Maire de Villeneuve-le-Roi, écrivoit à l'Intendant lui-même : « le ſeigle des deux derniers envois eſt *d'un étique & noir*, qui ne ſe peut débiter ſans froment, parce que comme il n'y a point de moiſſon dans ce Pays, & qu'on ne nous ameneroit rien pen-

(1) Papiers des Electeurs, n[os] 273 & 274.

dant ce temps, le froment avec ce ſeigle nous approviſionneroit (1) ».

Dans une autre Lettre, du même jour, le ſieur Baudry écrivoit encore de Sens à l'Intendant : « je ſors du marché, où j'ai eſſuyé la criſe la plus forte, & un danger éminent; il n'y a jamais eu tant de fermentation. Pluſieurs des gens de campagne, qui avoient acheté, le premier du mois, *l'Orge mauvaiſe*, qui m'avoit été envoyée, le 29 Juin, de Paris, m'ont jetté au nez le pain qui en avoit êté fait, & inſulté de la manière la plus outrageante; & j'ai été averti qu'il y avoit un complot de me preſſer dans la foule : je me ſuis retiré. J'avois fait conduire quelques ſacs de l'Orge arrivée, le 5 de ce mois, qui n'eſt pas encore de meilleure qualité, & qui a auſſi un mauvais goût de relan. Quelques ſéditieux, voyant que je n'avois point de Seigle à vendre avec cette Orge, ont voulu y mettre un prix au rabais, en me reprochant qu'on empêchoit le Laboureur d'amener du Bled pour me faciliter la vente de cette mauvaiſe marchandiſe (2) ».

Une autre lettre, écrite le lendemain, 11 Juillet, par le ſieur Jamin, à Fontainebleau, porte : « J'ai paſſé le boiſſeau de Fontainebleau, à 2 liv.

(1) *Ibid.* n° 314.
(2) *Ibid.* n° 317.

15 sols. Il n'a pas été possible de le porter plus haut, à cause de la mauvaise qualité du Seigle du dernier envoi, que j'ai pourtant un peu bonifié, en le faisant manutentionner à différentes reprises; ce Seigle est *à moitié mangé, produit beaucoup plus de son que de farine*; pour que je puisse continuer cette livraison, il est nécessaire que vous me fassiez un nouvel envoi (1). »

Le même jour, le sieur de la Comble, de Sens, en annonçant, à l'Intendant, des espérances pour l'avenir, lui mandoit : « Les deux bateaux que vous m'aviez annoncés sont arrivés; mais, au lieu d'être moitié Seigle, moitié Orge, il n'y a pas même eu un quart de Seigle. *Le surplus, c'est-à-dire, les trois quarts d'Orge est de qualité si mauvaise, que je crois qu'il sera impossible d'en faire du pain.* Elle est d'une très-mauvaise odeur, germée en partie, &c., &c. Elle ne pourra être vendue qu'aux Tanneurs; vraisemblablement, vous me le permettrez (2) ».

Le même jour encore, le sieur Prioreau écrivoit de Versailles : « Je ne puis me dispenser d'avoir l'honneur de vous représenter que le Peuple des environs de Chevreux s'est vivement plaint de n'avoir point assez de Bled pour leur

(1) *Ibid.* n° 306.

(2) *Ibid.* n° 325.

ſubſiſtance. L'Orge, que vous avez envoyée, eſt de mauvaiſe qualité & a de l'odeur. Il faut que les malheureux ſoient bien preſſés par la faim, pour la prendre. Je vous ſupplie, Monſieur, de n'en plus envoyer. Je ne pourrois point me charger de la vendre, à l'avenir; je vous demande, avec la plus vive inſtance, 100 ſeptiers de Froment & 150 ſeptiers de Seigle peſant 230 livres, au moins. Les ſacs qui ont été envoyés, ne ſont pas de poids; conſéquemment impoſſible de ſubvenir au beſoin de la grande quantité de Peuple (1) ».

Enfin le ſieur de la Borde écrivoit auſſi, le même jour à l'Intendant, qu'il n'avoit pu vendre ſes grains quoiqu'il eût ſucceſſivement diminué le Seigle à 22, 18 & 16 livres, & l'Orge à 16 14 & 12 livres, *parce qu'il n'y avoit pas un ſeul grain de bled à vendre*. « Ce n'a été, ajoute-t-il, qu'en promettant au public (ſur votre lettre, Monſeigneur, dont j'ai fait lecture) que, Vendredi prochain, il y auroit du bled ſur le marché, qu'enfin quelques malheureux ſe ſont préſentés (2) ».

Il en fut de même, les jours ſuivants; deux autres lettres, adreſſées à l'Intendant, le 12 Juillet, par ſes Agens, à Bray-ſur-Seine & à Sens, con-

---

(1) *Ibid.* n° 328.

(2) *Ibid.* n° 331.

tiennent aussi des plaintes sur la *mauvaise* qualité des Grains, en annonçant des soulèvemens dans les marchés. Dans la première, le sieur Jarry refusa nettement de recevoir les Bleds que l'Intendant lui adressoit (1).

Il n'est pas besoin, sans doute, de prouver qu'on étoit obligé de détourner pour l'Approvisionnement des troupes, ces mauvais Grains qui faisoient la dernière ressource du Peuple. D'autres lettres en contiennent la preuve.

Le même jour, le Marquis de Jaucour se plaignoit du refus des Farines du magasin, qui avoit été fait aux Troupes, par le Subdélégué de Soissons. Il l'attribuoit à un mal entendu bien *fâcheux dans un moment aussi pressé que celui-ci* (2).

Quelquefois même la précipitation avec laquelle toutes ces mesures étoient prises & exécutées, exposoit les Agens de l'Administration à ne savoir que faire du pain qui étoit préparé pour les Troupes. C'est ce qu'on voit en particulier dans une lettre, du 11 Juillet, écrite par le sieur Foulon de Chenevières, Subdélégué à Sens. « Comptant, y est-il dit, que le Régiment Dauphin-Dragon, arrivé hier en cette Ville y resteroit, ainsi que vous me

(1) *Ibid.* n° 296, 335, 336 & 339. *Voyez* aussi les n°s 278, 327, 360.

(2) *Ibid.* n°s 442 & 443. *Voyez* aussi le n° 281.

l'aviez annoncé, *J'ai*, faute d'autre farine, comme j'ai eu l'honneur de vous le marquer par la Lettre du 8, *fait convertir en farine des grains du Gouvernement, pour fournir audit Régiment, d'après vos ordres, la subsistance*, le lendemain de leur arrivée. Le pain préparé pour cette fourniture, qui devoit avoir lieu aujourd'hui, a été fait. *Mais des ordres inattendus & précipités ayant obligé le Régiment de partir la nuit dernière, le pain préparé pour eux se trouve resté.* Dois-je attendre leur retour pour disposer de ce pain, ou le faire distribuer au Détachement du Régiment de Bourgogne, qui sera long-temps à le consommer, ou le faire vendre aux malheureux, à raison du prix qu'ils auroient payé ce grain en nature, en y ajoutant les frais de mouture & cuisson. Je vous serai obligé de me donner, sur cet objet, qui ne permet pas de retard, la marche que je dois suivre (1) ».

Pour terminer sur cet objet, l'embarras étoit tel relativement aux Subsistances, que, dès le 10 Juillet, le Ministre des Finances avoit écrit, coup sur coup, deux Lettres à l'Intendant, pour faire couper 20,000 septiers de seigle nouveau avant la récolte. Enfin, une Note avec le nom du Marquis d'Autichamp, en marge d'un Extrait de différentes Lettres, porte, « qu'il est très-fâcheux d'être

(1) *Ibid.* n° 324. *Voyez* aussi les n$^{os}$ 277, 280 & 343.

obligé

obligé de couper des Récoltes pendantes & prêtes à recueillir, mais qu'il est dangereux de laisser les Troupes mourir de faim (1) ».

Cette position étoit si cruelle, & si bien connue, que la Dame de Blossac, intendante de Soissons, & fille de l'Intendant de Paris, lui mandoit, le 12 du même mois, en lui parlant de la santé de son mari : Il auroit besoin d'aller aux Eaux de Plombières ; « mais ces maudits grains le tiennent cloué ici ; ce qui me contrarie beaucoup. Il a dit, *que vous étiez bien embarrassé aussi chez vous, qu'on y meurt de faim.* Cela fait trembler, sur-tout combiné avec les justes craintes que donnent les Etats - Généraux (2) ».

C'est néanmoins dans cet état affreux que le sieur Bertier abandonna l'Administration de sa Généralité, pour prendre, au Champ-de-Mars, l'Intendance de l'Armée qui assiégeoit la Capitale. On a déjà annoncé que, le 11 Juillet, le sieur Mabile se transporta, par ses ordres, à l'Ecole-Militaire, *pour y arrêter son logement.* On voit, dans la Lettre qu'il lui écrivit sur cet objet, qu'on lui avoit ménagé deux appartemens, une grande & vaste cuisine ; « mais il ne put obtenir de place que pour deux chevaux, & l'on ne put

(1) *Ibid.* nos 350 & 351.

(2) *Ibid.* n° 299.

lui donner raiſon pour deux remiſes qu'il avoit demandées (1) ».

Tels étoient les ſoins dont s'occupoit l'Intendant de Paris, lors du renvoi de M. Necker. On ſe rappelle encore que, ſuivant une note miſe à une demande de cartouches, faite le 2 Juillet, il avoit fait fournir 1200 liv. de poudre, & 75000 balles pour S.-Denys, & 1200 liv. de poudre & 100,000 balles pour Courbevoye. Dès qu'il fut à l'Ecole-Militaire, il ne s'occupa plus que de préparatifs de guerre.

Le 13 Juillet, il envoya, *du Champ-de-Mars*, au ſieur d'Avranche, Commiſſaire des Guerres, l'ordre du Roi, pour ſe rendre, ſans délai, près des Troupes aux ordres du Maréchal de Broglie, « pour s'employer à tout ce qui concerne leur police, diſcipline, .... conformément aux ordres particuliers qu'il recevra de M. le Maréchal de Broglie & du ſieur Bertier. Il le prioit de l'inſtruire régulièrement, tous les jours, tant de ſes opérations, que des événemens, qui pourroient être de quelque intérêt pour le ſervice, &c ».

Le lendemain, 14 Juillet, à deux heures, pendant que tout Paris étoit en armes, tandis qu'on faiſoit le ſiége de la Baſtille, l'Intendant de Paris s'occupoit

(1) *Ibid.* n° 460.

encore de l'Armée, & de l'Armée ſeule. Il envoyoit des ordres au ſieur Toloſan, pour l'approviſionnement de divers Régimens (1).

Dans une Lettre non ſignée, écrite le même jour, de S.-Denys, à ſix heures du ſoir, après lui avoir appris que ſes Couriers avoient été arrêtés, & conduits à l'Hôtel-de-Ville, & que, quoique toutes les communications fuſſent interceptées avec intelligence, *ce qui étoit de conſéquence pour l'avenir du ſervice*, on lui écriroit par le Maître de Poſte & ſes Poſtillons. On ajoutoit: « vos Dépêches ſont actuellement parties pour leurs deſtinations diverſes. Un Détachement du Régiment de Beſançon, 12 piéces de canon de munition ſont arrivées de Douay, à 5 heures, ..... avec les deux Régimens, dans l'Abbaye même (2) ».

C'étoient là les ſeules nouvelles qu'on lui annonçoit. Ce furent, ſans doute, les ſeules qu'il porta aux Miniſtres à Verſailles, le ſoir de ce même jour où l'on aſſûre qu'il contraria, dans le Cabinet du Roi, celle de la priſe de la Baſtille, & les efforts que faiſoient des Députés de l'Aſſemblée-Nationale, pour éclairer le Roi ſur l'état de la Capitale, & ſur les dangers terribles des meſures qu'on avoit priſes contre elle, en abuſant de ſon nom.

(1) *Ibid.* n° 445.
(2) *Ibid.* n° 275.

Ainsi le sieur Bertier ne se seroit pas contenté d'exécuter les ordres atroces que les Ministres lui avoient donnés contre le Peuple de la première généralité du Royaume. Comme tous les mauvais conseillers, il en auroit encore sollicité de nouveaux, en cachant autant qu'il étoit en lui la vérité à un Prince de qui l'on ne pouvoit obtenir rien d'injuste que de cette manière.

Et qu'on ne dise pas qu'il ne peut plus être accusé, depuis que la fureur du Peuple a exercé sur lui une vengeance terrible. Les Loix ne l'ont point puni, elles ne lui ont point enlevé un bien mille fois plus précieux que la vie, une mémoire honorable. Si elles ne statuoient rien sur cet objet, on pourroit croire qu'il l'a transmise sans reproche à la postérité, comme le Boulanger, *François*, déplorable victime d'une erreur inexpiable. On pourroit du moins avoir quelque doute à son égard. C'est donc avec justice que nos Loix ont admis pour les crimes atroces, ces jugemens solemnels, qu'on ne doit pas confondre avec le préjugé qui fait rejaillir le crime du coupable sur sa famille. Les Loix peuvent statuer sur la mémoire d'un coupable, sans cesser de considérer les crimes comme personnels. Elles doivent le faire plus sûrement encore dans ce dernier cas. Plus il est reconnu que les individus sont seuls responsables de leurs actions, plus on doit en ſanctionner le mérite ou le démérite par tous les moyens qui n'atteignent qu'eux perſonnellement, ſoit dans cette vie, ſoit au delà.

## § IV.

*Rien ne peut diſculper aux yeux de la Juſtice les Conſpirateurs.*

On peut s'attendre que les coupables auteurs de tant de crimes s'efforceront de ſe mettre à l'abri du nom ſacré du Roi. Mais ce n'eſt pas un Tribunal *National*, qui jugera qu'on puiſſe ſe ſouſtraire à la juſtice des Lois, en allégnant qu'on a voulu les détruire pour tout ſoumettre au pouvoir arbitraire. Le Deſpotiſme eſt lui-même un crime contre la Religion, contre la nature, contre le droit des gens, contre celui de tous les Peuples de l'Europe ſur-tout, qui n'ont ceſſé de faire des vœux pour nous, ſoit à haute voix dans les Pays où l'on reſpire déjà l'air ſalutaire de la Liberté, ſoit du fond de leur cœur, dans ceux où les hommes créés à l'image de Dieu n'oſent pas encore lever au Ciel leurs bras chargés de fers.

Il n'eſt pas poſſible, au ſurplus, de perſuader qu'en attentant à la Liberté de l'Aſſemblée-Nationale, en armant les Soldats contre le Peuple, on ait pû croire exécuter la volonté du Roi, qui avoit convoqué *les Etats libres* du Royaume ; & qui n'a ceſſé dans tous les temps de s'occuper du bien de la Nation, en chaſſant loin de lui tous les Miniſtres coupables qui l'ont trompé juſqu'à préſent. On a pu le circonvenir par des illuſions, parce qu'il n'y a que l'Etre ſuprême qui ſoit à l'abri de l'erreur. Mais l'abandon du Roi, lorſqu'il eſt venu à l'Aſſemblée - Nationale, le renvoi ſubit de ces Miniſtres dévoués à l'opprobre dès leur entrée dans l'adminiſtration, l'éloignement immédiat des Troupes qui inveſtiſſoient Paris & l'Aſſemblée-Nationale ; le rappel des Miniſtres chers à la Nation, montrent aſſez qu'elle étoit ſa volonté. Il n'avoit beſoin que de connoître la vérité & le vœu de ſon Peuple pour y adhérer.

Bien loin donc que l'on puiſſe alléguer comme une juſtification les ordres du Roi ; la ſurpriſe qu'on lui a faite pour les obtenir, eſt un nouveau crime. Il ſuffit de lire les Diſcours qu'il a tenus à la Séance du 23 Juin, & toutes ſes Réponſes aux différentes Députations de l'Aſſemblée-Nationale, pour ſe convaincre de ſon tendre attachement pour ſon Peuple, dans les momens mêmes où ſes Miniſtres abuſoient de ſa confiance ; & jamais Roi peut-être n'a mieux juſtifié ce fameux paſſage de Vopiſcus, dans la vie d'Aurélien, ſur les piéges dont le Pouvoir Suprême ne peut pas ſe garantir :

« Quatre ou cinq Ministres pervers se réunissent dans le même Plan, pour tromper l'Empereur. Ils lui dictent ce qu'il faut approuver. Renfermé dans son Palais, il ignore la vérité. Il ne peut savoir que ce qu'ils lui disent. Il établit des Juges qu'il devroit rejetter. Il écarte de l'Administration les hommes qu'il devroit y conserver. C'est ainsi, pour me servir des expressions de Dioclétien, que l'on trahit, que l'on vend le plus sage & le meilleur des Princes (1) ».

Si les ordres même du Roi ne peuvent pas justifier les Auteurs de la conspiration du mois de Juillet, aux yeux de la Raison, ils ne peuvent pas non plus les garantir aux yeux de la Loi. Non-seulement nos Ordonnances défendent d'exécuter les ordres qui y sont contraires; mais, d'accord avec la Loi naturelle, elles permettent même, ou plutôt elles ordonnent, dans ce cas, de repousser la force par la force. L'article V de l'Ordonnance de 1355, concertée entre les Etats-Généraux & le Roi Jean, défend de lever les

(1) *Colligunt se quatuor vel quinque, atquè unum consilium ad decipiendum Imperatorem capiunt : dicunt quid probandum sit. Imperator qui domi clausus est, vera non novit : cogitur hoc tantùm scire quod illi loquuntur. Facit judices quos fieri non oportet, amovet à Republica quos debebat obtinere. Quid multa, ut Diocletianus ipse dicebat, bonus, cautus, optimus venditur Imperator.* (Vopiscus in Aureliano.)

Impôts, qui n'auroient pas été librement consentis par le Peuple; & il ajoute: « Et si, par aventure, aucuns de nos Officiers ou autres, soubz umbre de Mandements, ou Impétrations aucunes, vouloient ou s'efforçoient de prendre ledit argent, lesdits Députés & Receveurs leur pourroient *& seroient tenus* de résister de fait, & pourroient assembler leurs Voisins des bonnes Villes & autres, selon que bon leur sembleroit, pour eulx résister, comme dit est ».

La Séance Royale du 23 Juin avoit annullé un Décret moins vigoureux de l'Assemblée Nationale, & c'étoit pour soutenir ces tentatives du pouvoir arbitraire que Versailles & Paris étoient investis de Troupes, la plupart étrangères.

Nos Loix ne sont point changées depuis cette époque, & nos Rois eux-mêmes, quand ils ont été détrompés, ont toujours voulu qu'on fit le Procès aux Dépositaires de leur pouvoir, qui avoient surpris, à leur autorité, des ordres pour opprimer leurs Peuples & les traiter en ennemis; c'est ainsi que, bien des années après le massacre odieux de Mérindol & de Cabrières, fait en vertu des Ordres & des Lettres-Patentes surpris à François I, le Président d'Oppéde & l'Avocat-Général Guérin furent traduits au Parlement de Paris, & le dernier condamné à avoir la tête tranchée, ce qui fut exécuté. Les conclusions

de

de l'Avocat du Roi du Châtelet, qui fut commis pour suivre cette affaire, portoient entr'autres choses, que, » *sans avoir égard aux Arrêts du Parlement* » *de Provence, & aux Lettres-Patentes du Roi* (que » les accusés invoquèrent dans leur plaidoyer), il » fut dit qu'il avoit été mal, nullement & in» compétemment délibéré & conclu à Cadenet, » mal & outrageusement exécuté ladite délibé» ration, *mal & incompétemment exécuté un jeune* » *homme à coup d'arquebuse, au lieu de Mérindol,* » mal inhibé & défendu de ne bailler vivres, » aides, ni secours quelconques aux Hérétiques » ou suspects de l'être, sans nommer ni lieu, ni » personnes, bien appellé par le Procureur du » Roi, &c. (1) ».

C'est ainsi qu'on jugera dans tous les Pays où les Loix de la Nature seront considérées comme les premières Loix de l'Etat. C'est ainsi qu'on doit juger dans cette affaire, même à ne consulter que les Décrets de l'Assemblée Nationale. Celui du 13 Juillet, fait à l'unanimité, « *déclare* (1) que les Ministres & les Agens Civils & Militaires

---

(1) *Histoire Chronologique de Provence*, par Honoré Bouche. *Histoire de l'Origine & des progrès de la Monarchie Françoise*, par Guillaume Marcel, XVI^e siécle, Note 314.

de l'Autorité, font responsables de toute entreprise contraire aux Droits de la Nation, & aux Décrets de cette Assemblée ».

« Que les Ministres actuels & les Conseils de Sa Majesté, de quelque rang & état qu'ils puissent être, ou quelques fonctions qu'ils puissent avoir, sont personnellement responsables des malheurs présens & de tous ceux qui peuvent suivre ».

On voit que ce Décret est simplement déclaratif & non constitutif d'un nouveau Droit. Il énonce les principes dès-lors subsistans, & n'en établit pas de nouveaux.

On ne peut donc pas même alléguer ici les prétextes triviaux sur l'*obéissance aveugle* que les Militaires doivent, dit-on, aux Princes. Ce principe vrai, dans bien des cas, est de toute fausseté, quand on l'applique à des ordres dont on voit l'objet, & dont l'injustice est évidente. C'est outrager la Nature & la Raison, qui est le plus beau don de Dieu, que d'exiger une obéissance aveugle dans ce cas. C'est être coupable de lèse-Humanité, que de la promettre. Une telle obéissance est contraire à l'idée de toute Société civile, où ce n'est pas la volonté de l'homme, mais celle de la Loi qui doit servir de règle. Le brave Crillon refusa d'assassiner le Duc de

Guise ; quoiqu'il fut coupable ; il répondit au Roi : « que, bien qu'il fut *capable* de tout entreprendre pour le Service de Sa Majesté, *il ne l'étoit point* de commettre un assassinat ».

Le Vicomte d'Ortez, chargé d'exécuter les ordres de Charles IX, pour la S.-Barthélemi, répondit de même, qu'il n'avoit trouvé parmi ses soldats, auxquels il avoit communiqué la lettre du Roi » que de bons Citoyens & braves Soldats, mais pas un Bourreau. C'est pourquoi eux & lui supplioient très-humblement Sa Majesté de vouloir employer leurs bras & leurs vies, *en choses possibles* ».

Un crime ordonné par le Roi, lui sembloit une chose impossible ; & plusieurs autres Commandans, dont les noms honorent notre Histoire, ont tenu une conduite semblable. Dans ce siècle même, des Gouverneurs de Province, & des Intendans ont mieux aimé perdre leurs Places que d'exécuter des ordres arbitraires. Nous avons la satisfaction de voir, dans le nombre de ces Gouverneurs, l'un des Ministres actuels de S. M. (1) ; & tous les Soldats François ont refusé, dans ces derniers temps, de se battre contre leurs frères. A plus

---

(1) M. le Prince de Bauveau.

forte raiſon, ne peut-on pas manquer de condamner, comme coupables de léſe-Nation, ceux qui ſortant du cercle de leurs fonctions ordinaires, tels que le Maréchal de Broglie, le Baron de Béſenval, & l'Intendant Bertier, ont eux-mêmes été au devant des ordres injuſtes à l'abri deſquels ils voudroient ſe mettre.



---

De l'Imprimerie de LOTTIN *l'aîné*, & LOTTIN *de S.-Germain*, Imprimeurs Ordinaires de la VILLE, 1789.

www.ingramcontent.com/pod-product-compliance
Ingram Content Group UK Ltd.
Pitfield, Milton Keynes, MK11 3LW, UK
UKHW020427230726
13925UKWH00004B/1639